COLOUR IN
SPANISH

Catherine Bruzzone

Illustrations: Clare Beaton

Spanish: Rosa María Martín

b small publishing

D0452740

1 el sol
sun

2 las olas
waves

3 el barco de vela
sailing boat

4 la pelota
ball

5 el sombrero
hat

6 las gafas de sol
sunglasses

7 el helado
ice-cream

8 el bañador
swimming costume

9 la toalla
towel

10 la sombrilla
beach umbrella

En la playa
At the beach

11 el pez
fish

12 la gaviota
seagull

13 la roca
rock

14 el windsurfista
windsurfer

15 el mar
sea

16 el tiburón
shark

17 la arena
sand

18 el cubo
bucket

19 la pala
spade

20 el castillo de arena
sandcastle

21 la concha
shell

1 el edificio
block of flats

2 el tren
train

3 el supermercado
supermarket

7 el aparcamiento
car park

8 el restaurante
restaurant

9 la tienda
shop

13 el camión
lorry

14 el coche
car

15 la bicicleta
bicycle

4 la estación de tren
railway station

5 el parque
park

6 el colegio
school

10 la gasolinera
petrol station

11 el autobús
bus

12 la parada de autobús
bus stop

En la ciudad
In town

16 la casa
house

17 la acera
pavement

18 la calle
road

1 los adornos
decorations

2 el globo
balloon

3 la máscara
mask

4 el pastel
cake

5 las velas
candles

6 la bebida
drink

7 la paja
straw

8 el vaso
glass

9 la jarra
jug

¡Vamos a celebrarlo!

Let's celebrate!

10 el gorro de fiesta
party hat

11 el regalo
present

12 la taza
cup

13 la tarjeta
card

14 los caramelos
sweets

15 las patatas fritas
crisps

16 el plato
plate

17 los pasteles
buns

7

Los colores
Colours

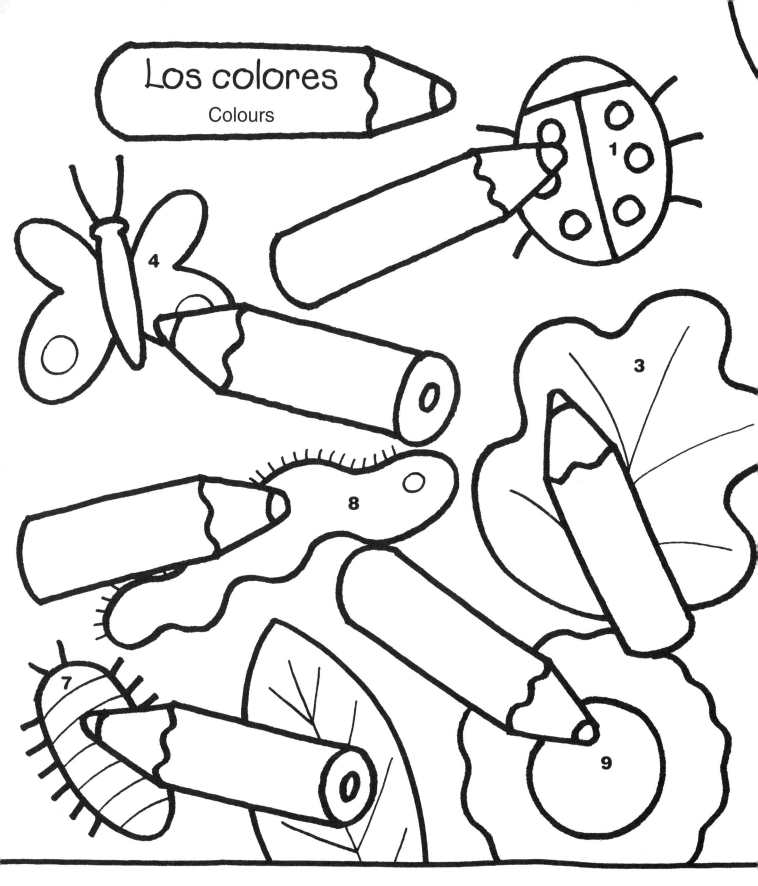

1 rojo
red

2 amarillo
yellow

3 verde
green

7 gris
grey

8 marrón
brown

9 naranja
orange

4 azul
blue

5 negro
black

6 blanco
white

10 rosa
pink

11 morado
purple

1 la cabeza
head

2 el pelo
hair

3 el ojo
eye

4 la nariz
nose

5 la oreja
ear

6 la boca
mouth

7 el cuello
neck

8 el hombro
shoulder

9 el brazo
arm

10 la mano
hand

11 la pierna
leg

12 el pie
foot

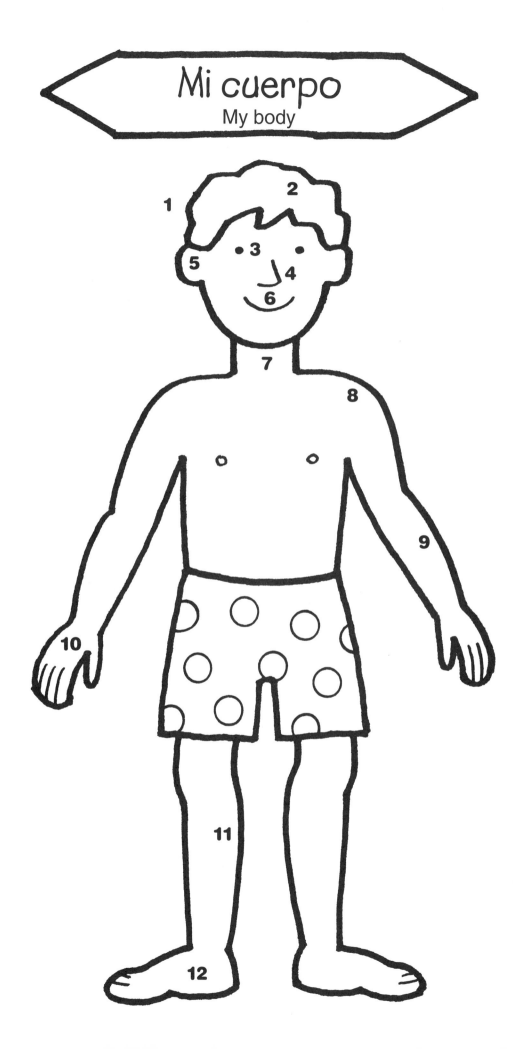

Mi cuerpo
My body

1 el gorro
cap

2 la bufanda
scarf

3 el jersey
jumper

4 la falda
skirt

5 los calcetines
socks

6 los zapatos
shoes

7 la camisa
shirt

8 los pantalones
trousers

9 las zapatillas
slippers

10 el vestido
dress

11 los pantalones
cortos
shorts

12 el pijama
pyjamas

Mi ropa
My clothes

1 el dormitorio
bedroom

2 la cama
bed

3 la cómoda
chest of drawers

7 la ventana
window

8 el cuadro
picture

9 la luz
light

Mi casa   My house

13 el salón
sitting room

14 el sillón
armchair

15 la lámpara
lamp

19 la televisión
television

20 el reloj
clock

21 la puerta
door

4 el cuarto de baño
bathroom

5 la bañera
bath

6 la ducha
shower

10 el espejo
mirror

11 el lavabo
washbasin

12 el retrete
toilet

16 la cocina
kitchen

17 la cocina
cooker

18 el fregadero
sink

22 la silla
chair

23 la mesa
table

24 el frigorífico
fridge

En el mercado
At the market

La fruta
Fruit

las cerezas
cherries

los melones
melons

las ciruelas
plums

las peras
pears

las manzanas
apples

las fresas
strawberries

la piña
pineapple

las uvas
grapes

las naranjas
oranges

los plátanos
bananas

los limones
lemons

La verdura
Vegetables

las zanahorias
carrots

las patatas
potatoes

los tomates
tomatoes

las judías verdes
beans

la lechuga
lettuce

el apio
celery

los champiñones
mushrooms

el ajo
garlic

las cebollas
onions

1 el pescado
fish

2 la carne
meat

3 el carrito
shopping trolley

7 el pan
bread

8 la pasta de dientes
toothpaste

9 el yogurt
yoghurt

En el
supermercado
At the supermarket

13 el aceite
oil

14 la mantequilla
butter

15 la mermelada
jam

18 la pasta
pasta

19 el azúcar
sugar

20 el champú
shampoo

4 las latas
tins

5 los huevos
eggs

6 la harina
flour

10 el chocolate
chocolate

11 las galletas
biscuits

12 la leche
milk

16 el jabón
soap

17 la botella
bottle

21 el queso
cheese

22 la bolsa
bag

¡Tiempo libre!
Time off!

ver la televisión
watching television

jugar al fútbol
playing football

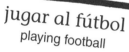

leer
reading

jugar al baloncesto
playing basketball

ir en bicicleta
cycling

nadar
swimming

patinar
skateboarding

bailar
dancing

1 Hay nubes
It's cloudy

2 el arco iris
rainbow

3 Hace sol
It's sunny

4 Hace calor
It's hot

5 el trueno
thunder

6 el relámpago
lightning

7 la tormenta
storm

8 Llueve
It's raining

El tiempo y las estaciones
Weather and seasons

La primavera   Spring

El verano   Summer

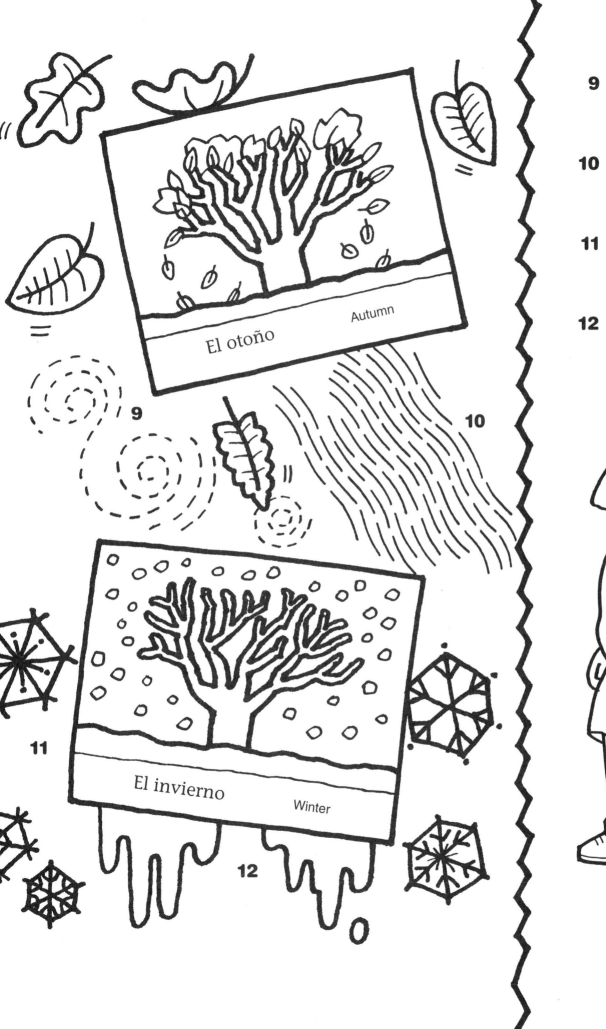

El otoño — Autumn

El invierno — Winter

9 10 11 12

9 Hace viento
It's windy

10 Hay niebla
It's foggy

11 Nieva
It's snowing

12 Hace frío
It's cold

1 el padre/papá
father/dad

2 la madre/mamá
mother/mum

3 el abuelo/el abuelito
grandfather/grandpa

7 el bebé
baby

Mi familia
My family

11 la tía
aunt

12 la hija
daughter

13 el hijo
son

4 la abuela/la abuelita
grandmother/granny

5 el tío
uncle

6 el marido
husband

8 la mujer
wife

9 el niño
boy

10 la niña
girl

14 el hermano
brother

15 la hermana
sister

16 los gemelos
twins

1 **el patio**
playground

2 **el ordenador**
computer

3 **la impresora**
printer

4 **el papel**
paper

5 **la alumna**
girl pupil

6 **el pupitre**
desk

7 **la pluma**
pen

8 **la goma**
rubber

9 **la regla**
ruler

10 **el cuaderno**
exercise book

En el colegio
At school

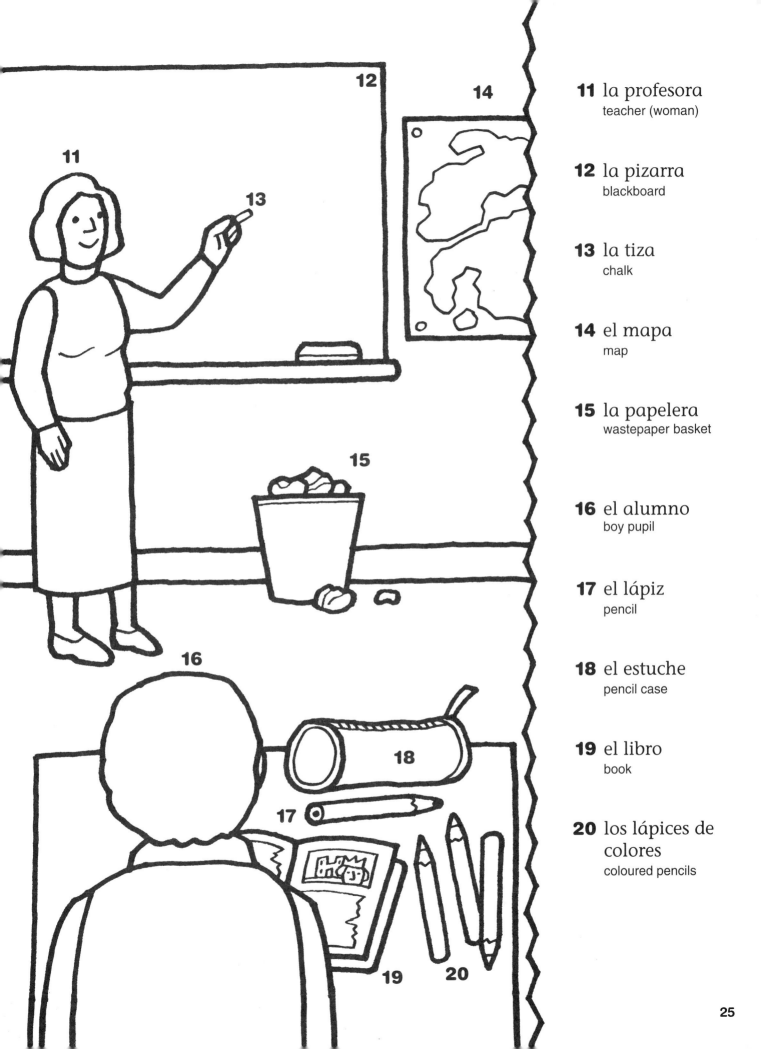

11 la profesora
teacher (woman)

12 la pizarra
blackboard

13 la tiza
chalk

14 el mapa
map

15 la papelera
wastepaper basket

16 el alumno
boy pupil

17 el lápiz
pencil

18 el estuche
pencil case

19 el libro
book

20 los lápices de
colores
coloured pencils

1 la montaña
mountain

2 el bosque
forest

5 el campo
field

6 el arbusto
bush

En el campo
In the countryside

9 el río
river

10 el puente
bridge

13 la flor
flower

14 la mariposa
butterfly

3 el árbol
tree

4 la hoja
leaf

7 el camino
path

8 la valla
fence

11 la puerta
gate

12 el pájaro
bird

15 el lago
lake

16 la rana
frog

En la granja
On the farm

1 el tractor
tractor

2 el granjero
farmer

3 la oveja
sheep

4 el cerdo
pig

5 el gato
cat

6 el perro
dog

7 el ratón
mouse

8 el granero
barn

9 la vaca
cow

10 el caballo
horse

11 el gallo
cock

12 la cabra
goat

13 la gallina
hen

14 el ganso
goose

15 el pato
duck

1 el león
lion

2 el tigre
tiger

5 el oso
bear

6 el rinoceronte
rhinoceros

En el zoo
At the zoo

9 el elefante
elephant

10 el guarda del zoo
zoo keeper

13 el canguro
kangaroo

14 el pingüino
penguin

3 la cebra
zebra

4 la jirafa
giraffe

7 el mono
monkey

8 el loro
parrot

11 la tortuga
turtle

12 el cocodrilo
crocodile

15 el delfín
dolphin

16 el hipopótamo
hippopotamus

Los números
Numbers

uno one

dos two

tres three

cuatro four

cinco five

seis six

siete seven

ocho eight

nueve nine

diez ten